ビリー・アイリッシュ

BILLIE EILISH
by Billie Eilish

Copyright © 2021 by LASH Music, LLC
This edition published by arrangement with Grand
Central Publishing, New York, New York, USA
through The English Agency (Japan) Ltd.
All rights reserved.

ビリー・アイリッシュ

2021年 7 月27日　初版第 1 刷発行

著者
ビリー・アイリッシュ
訳者
依田卓巳
編集協力
藤井久美子
印刷
シナノ印刷株式会社

発行所
有限会社 海と月社
〒180-0003　東京都武蔵野市吉祥寺南町2-25-14-105
電話0422-26-9031　FAX0422-26-9032
http://www.umitotsuki.co.jp

定価はカバーに表示してあります。
乱丁本・落丁本はお取り替えいたします。
©2021 Yoda Takumi　Umi-to-tsuki Sha
ISBN978-4-903212-75-3

弊社刊行物等の最新情報は以下で随時お知らせしています。
インスタグラム　@umitotsukisha
フェイスブック　www.facebook.com/umitotsuki
ツイッター　@umitotsuki

昔から写真にはすごく情熱を注いできた。大人になったら写真家になりたいと思いながら育った。写真を撮るのが得意だったからじゃなくて、たんに写真が大好きだったから。

　この本は、いままでたくさんの人が撮ってきた写真を古いほうから並べた、私の人生の物語だ。

　小さいころ、両親がビデオをまわしはじめると、私はかならず「見せて」と言っていた。ホームビデオには、いつも私がカメラに向かって「見せて」と言うシーンがある。カメラのうしろにまわらずにはいられなかった。皮肉だけど、いまでは私の生活すべてがその逆で、いつでも誰かが私にカメラを向けている。

　人生を通して写真を撮るのがとても大切なのは、そうしなければ忘れてしまうかもしれないからだと思う。私は忘れたくない。思い出はすぐ近くに、はっきりと残しておきたい。

　そう思うのは、私がたんにすごくセンチメンタルなせいかな、それともただ古い写真を見るのが好きなだけかな。ママはいつも私と兄の子供時代の写真で大きなアルバムを作っていた。わが家には、私のいままでの写真を収めたアルバムが山のようにある。私は数カ月おきにそのアルバムを開いては、過去を振り返る。何百万回と見た写真でも、やっぱり見るのが好き。

　幼いころを振り返って、よちよち歩きの私と、いまの私に似たところがあるのを発見するのはとてもおもしろい。ママはいつも、3歳のときの興味や性格は大きくなっても消えないって言ってる。私に関しては、まちがいなく真実。

この本をありきたりな感じにはしたくない。あなた自身の写真集みたいに感じてもらいたい。何から何まで説明はせずに、見れば自然に語りかけてくるような写真をどっさり載せたい。

　すべての写真を選ぶのは本当につらい作業だった。作業が多かったからじゃなくて（まあ多かったんだけど、楽しかった）、わが家の写真を1枚ずつ全部チェックしなきゃならなかったから。私の人生のあらゆる段階をもう一度たどった。信じられないくらいすばらしいときもあったし、ひどいときもあって、選んでいるあいだは、毎週ちがった感情が湧いてきた。どの時期を振り返っても、そこであったことを全部思い出して、その年にタイムスリップしたようなものだった。

　この本の写真を撮ったのは、いろいろなタイプの人。両親と、私と、兄が撮った写真がいちばん多いかな。友だちや私のチームにいる人たちが撮ったのもあるし、世界各地の写真家が撮ったものもある。どれも親密さの度合いはちがう。だってそれが人生だから。私はいろんな私を見せたかった。

　この本からあなたに受け取ってほしいものがあるとしたら、私たちはみんな3歳の自分のままだってこと。ある年齢を見れば、誰も嫌なやつじゃないし、気持ち悪いやつでもないよ。誰もがさまざまな段階を通りすぎていく……思春期を含めて。
　私はただ私を見てほしい。
　私の人生を、あなた自身の目で。

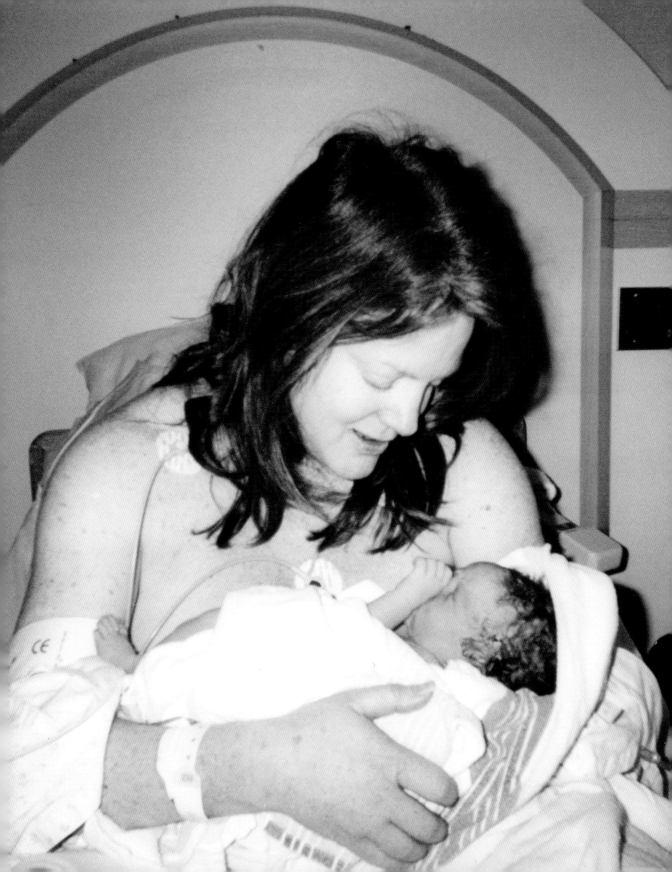

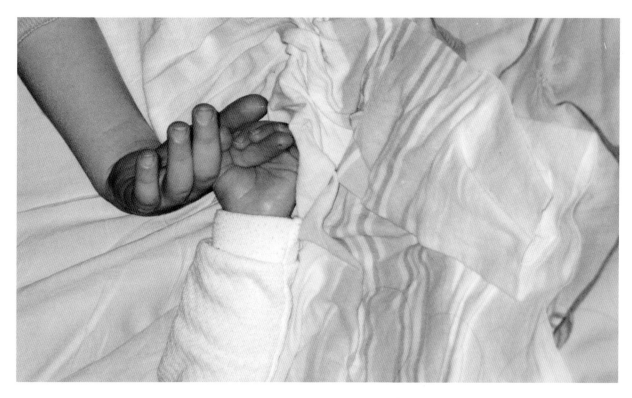

兄のフィネアス。生まれたときからずっと親友。

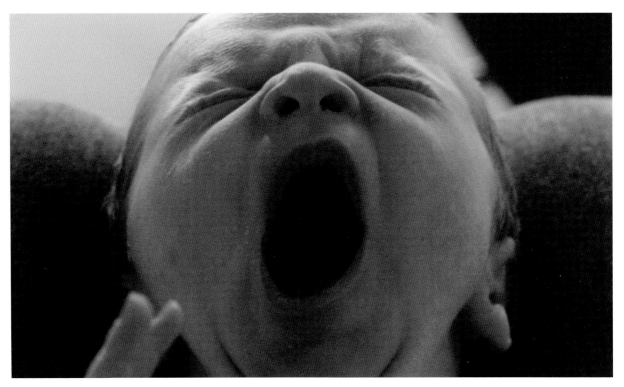

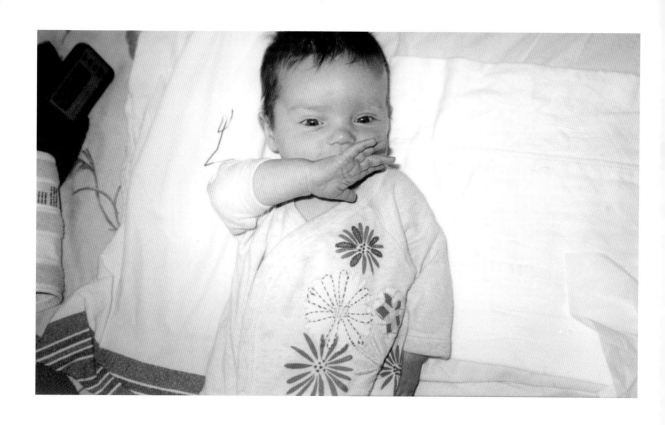

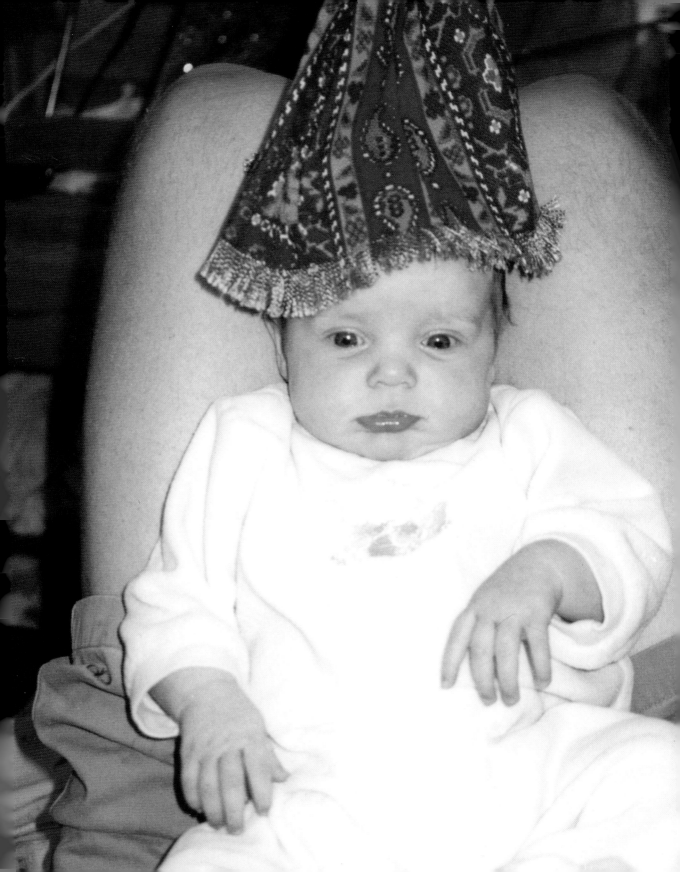

いつもこのスリング。

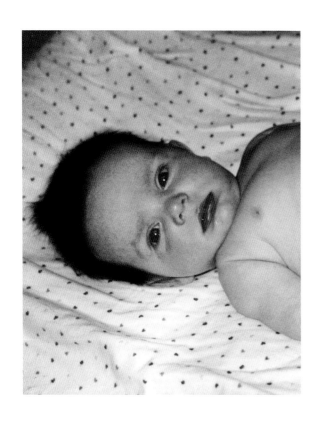

私のママァァ！

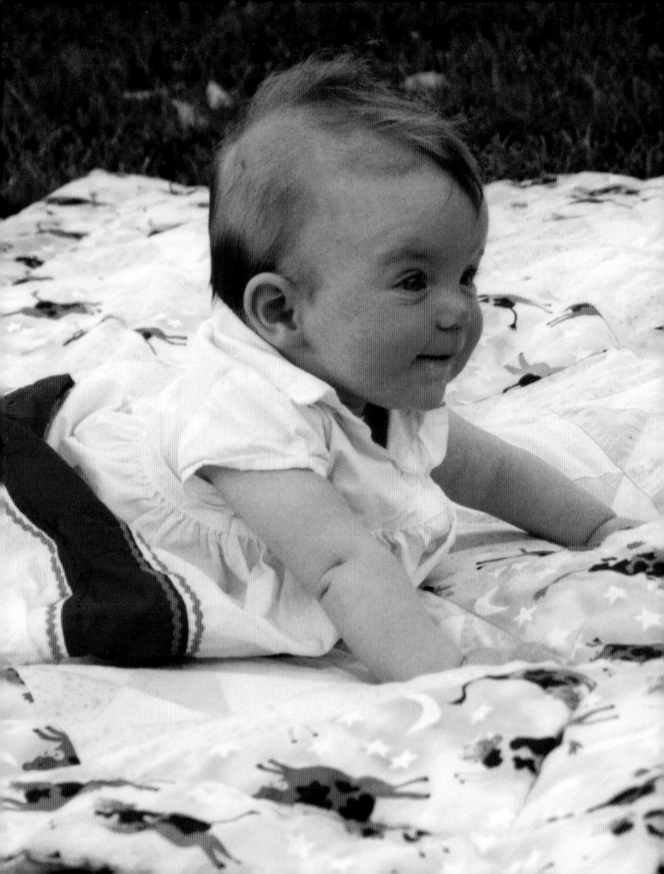

私のやさしいパパ。

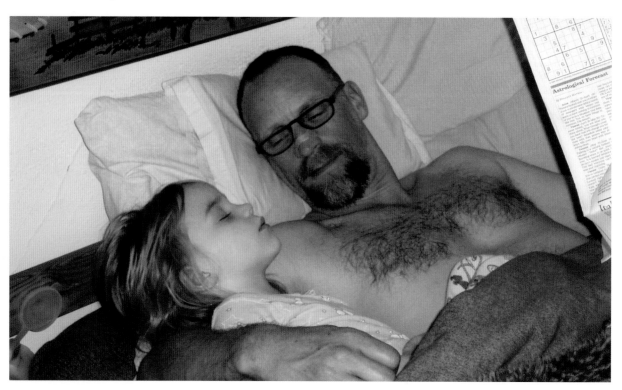

変わってないね。

生涯の友だち、ゾーイ（このあともたくさん登場する）。出会いは私たちが2歳のとき。
友だちと砂場で遊んでたら、ゾーイが来て、いっしょに遊んでいいかって訊いた。
私たちはちょっと端に寄って、彼女を仲間に入れていいか話し合った（笑）。
そして戻って、いっしょに遊んでもいいよって言った──いかにもガキっぽいね。
「パスタを食べるごっこ」をしたのを憶えてるけど、ゾーイはパスタを知らなかった。
ずっとヌードルと言われてたんだって。それで、パスタかヌードルかでケンカになった。笑える。
そのあとゾーイはおばあちゃんに電話して、ヌードルの新しい呼び方を習ったって言ったらしい。

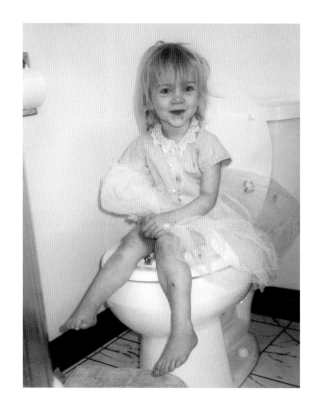

いつも食べるか、うんちしてるか。

動物が怖かったことは一度もない。たぶんそれは幸せなことだし、不幸せなことでもある。
いつも動物に大胆に近づきすぎる。この子は私の最初の犬、スミッジン。

私はどんな映画でもコメントしなきゃと思うから、
フィネアスはうんざりしてた。

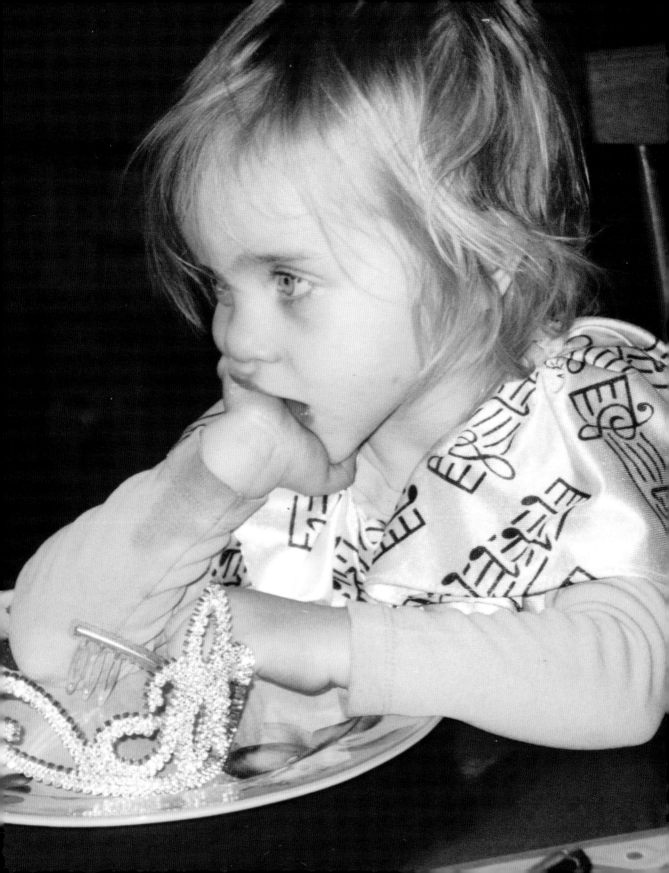

私の

44

フィネアス。

マイクはぜったいつかむぞ。

子供のころからいっしょの犬、ペッパー。彼女を迎えたとき、私は6歳だった。
まだまだ元気。いまはとてもおばあちゃんで、ずんぐりしちゃってるけどね（笑）

初めてのイベント参加。6歳。ビートルズの"ハピネス・イズ・ア・ウォーム・ガン"を歌った。

親友のドリュー。どちらも9歳のときに聖歌隊で出会った。
この写真は髪の分け方がおそろいでカワイイ。ドリューもこのあともっと出てくる。

ゾーイ再登場！（言ったでしょ）

このころの私は、自分はなんて大人びてしっかりしてるんだろうと思ってた。
いまになると、文字どおり「子供」で、どうかしてる。

ヘビ発見。拾ってみた。やっぱり怖くない。バカな子。

私のすてきなマミー。

フィネアスの顔かわいい。

いくよ！　自分で作った私とジャスティン・ビーバーの画像2枚。会心の出来だった。へへ。

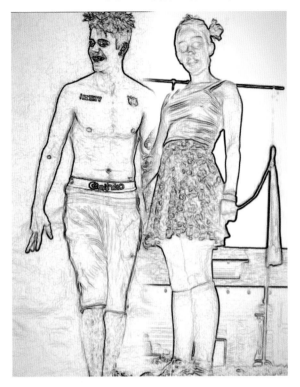 

ビーバーのポスターに見守られて。

12歳の誕生日。すっごく大勢のファンのなかで、ジャスティンの車が通るのを見るためだけに待ってた。

ここにこの写真を置いたわけは…… iPodケースを見て。

決定的瞬間！　なぜかはわからないけど、このとき私のなかで何かが完全に切り替わった。
生まれて初めて、これが私だって感じた。

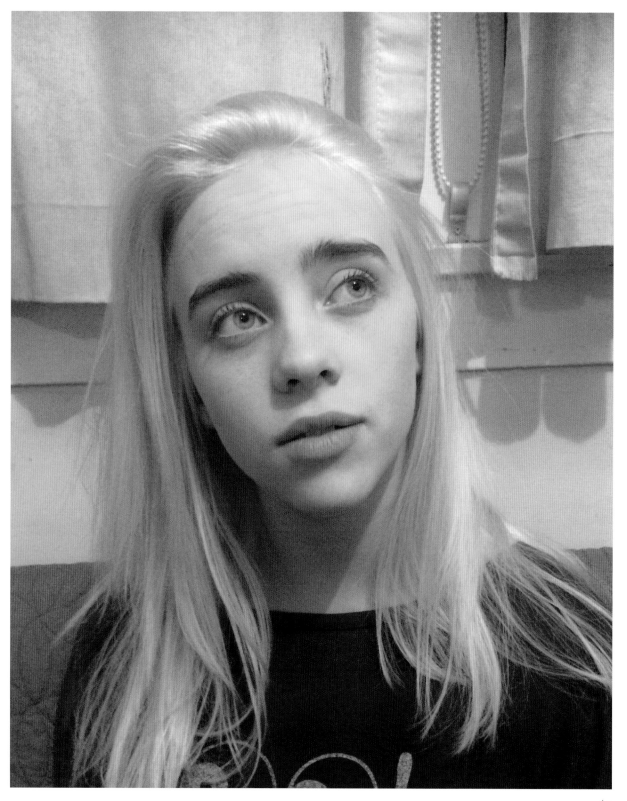

3歳のときにエアリアル・アートを始めた。でも5年くらいまえに中断。
ママはいまでもめちゃくちゃすごい。私はダメだけどぉぉぉぉ！

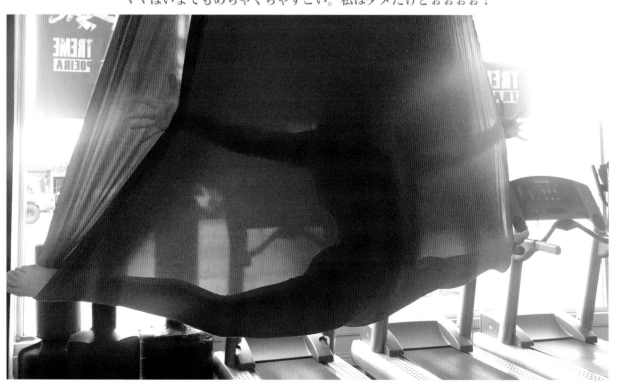

"ocean eyes"のレコーディング!!!　ちょうど14歳になるところ。

ダンス教室のみんなのまえで歌わされたとき。ひどい出来だった。

聖歌隊の私の写真。ひとりだけ制服を着てない子がいるんだけど見つけられる？
それか、だぼだぼの黄色のスウェットの子。変だよね。

めちゃくちゃつまんないって顔の私。

体が柔らかいときの私。

世界最高の兄。
最初のツアーを始めたころ。私は14歳、フィネアスは18歳。
このときは、私たちふたりと、ママと、ときどきマネージャーがいるだけだった。

20歳以下は入れない小さな会場だけでライブをしてた。
本番までなかに入ることすら無理だった。
手の×印が見える？　拷問。

ちょっとした新旧比較は279ページへ。見たらすぐ戻ってきて。

初めて音楽フェスに出たあとの私。最高に幸せになれるのは、ステージから降りてモッシュピットにいるときだって気づいた。この服、この日が始まるときには真っ白で……濡れてもなかった。

レコード契約にサイン！　14歳にどう話せばいいのかわからない大人たちとの退屈なミーティングを
1年間、100万回くらいくり返したあとで。

私の曲 "bellyache" のMVを撮影した15歳のとき。

サンディエゴのCRSSD、初めての音楽フェスでのパフォーマンス。
10人くらい見にきてくれたかな。それでもあのころではいちばん多かった。

最初のプロジェクト『dont smile at me』の制作。
いまに至るまで、これが最後のスタジオでの作業。

"bored"の撮影！

"idontwannabeyouanymore"のMV撮影。この撮影は計画どおりに進まなかった。自分で監督しはじめるまえで、経験豊富な大勢の大人に15歳の考えをわかってもらうのはたいへんだった……（笑）。この顔を見ればわかるでしょ。それでもMVはカワイイけど。

15歳の私。

黄色の時代。

初めてのヨーロッパ。

空港でムカつく。

自分の服を全部自分で作ってたころ。

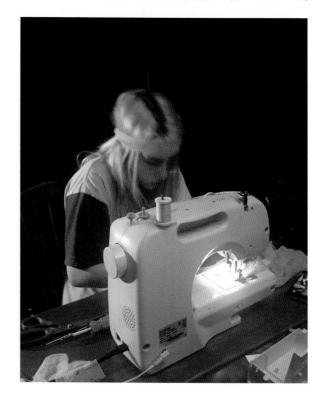

会場の外で待ってた初めてのファン。すごく大切。

lovelyじゃない？

昔からのファン。

曲作りを、

空港で。

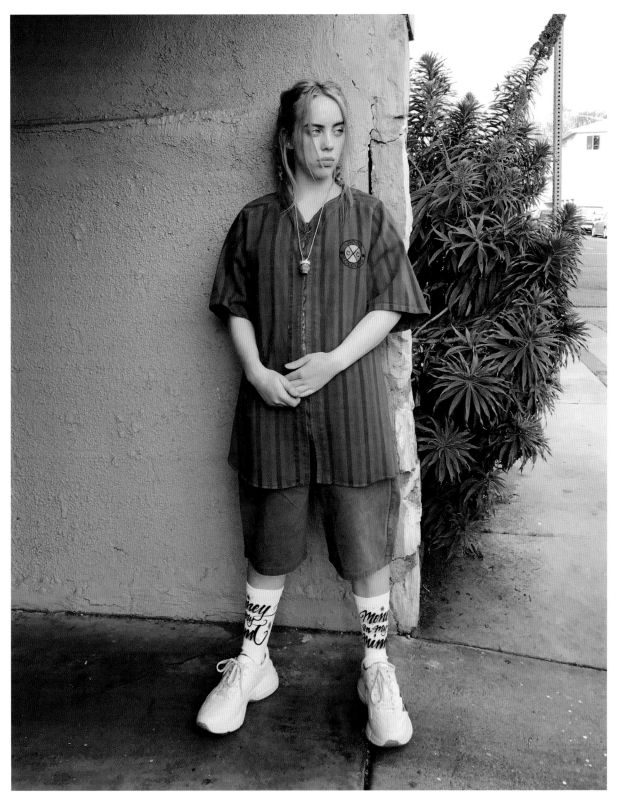

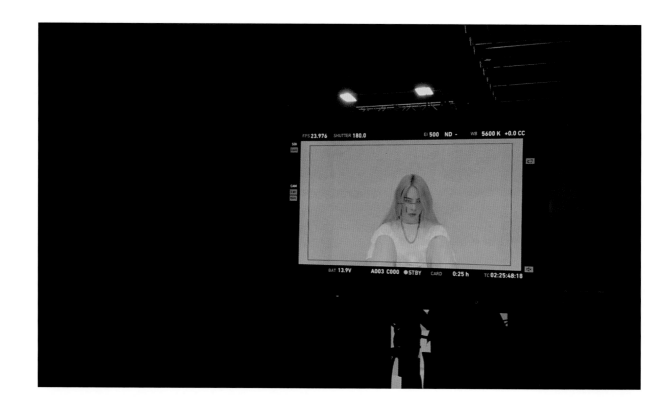

FPS 23.976 SHUTTER 180.0   EI 500 ND -   WB 5600 K +0.0 CC

BAT 13.9V   A003 C000 ●STBY   CARD   0:25 h   TC 02:25:48:18

       "hostage" の撮影。ママの誕生日にトロントで撮影した。

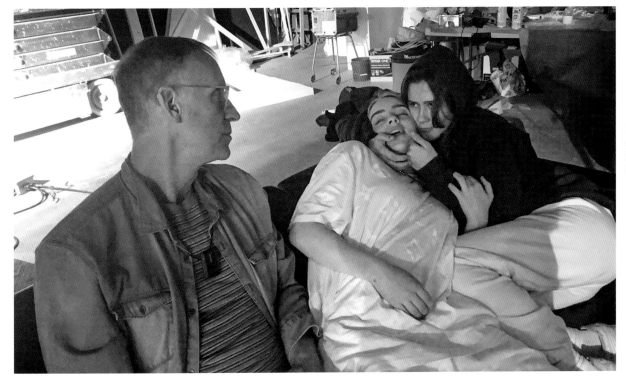

私のかわいいドリュー。

ドリューがツアーに来た日。

112

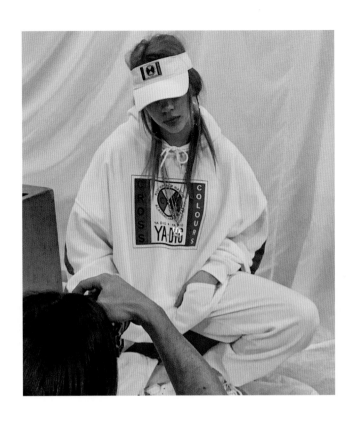

この撮影の日は "i love you" に書いたあの夜。

初めての大きなフェス。誰も来ないんじゃないか、気にもとめないんじゃないかって思ってたけど、バックステージに立ったら何千もの人が私の名前を叫んでいるのが聞こえた。信じられなかった。

ニューヨーク・シティの
ガバナーズ・ボール・ミュージック・フェスティバル。

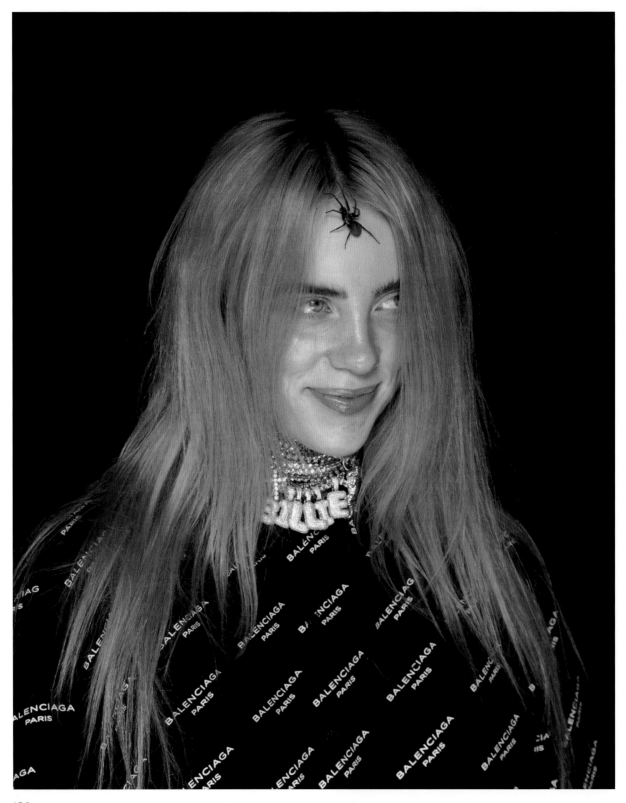

この1回の撮影のせいで、みんなが私をクモとか気味悪いものに結びつけるように……。

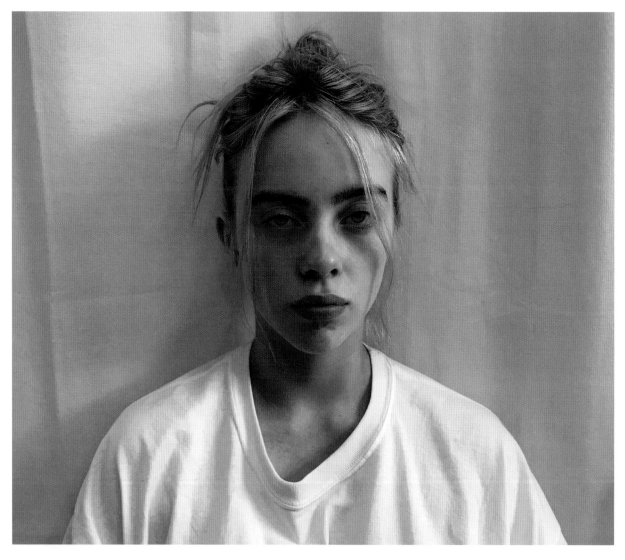

とても悲しい週だったな。目を見ればわかる？

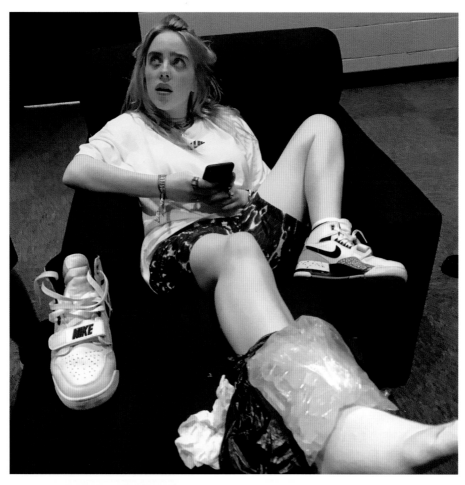

いっぱいしたケガのひとつ。このあとすぐ3回ライブをしたけどね、エヘ。

16歳。

dsam (dont smile at me) 1周年。

初めてのハワイ旅行。ハワイが大好きになった。

韓国到着。

村上隆に初めて会う。"you should see me in a crown"のMVについて議論中。
彼はすごい。

日本で。

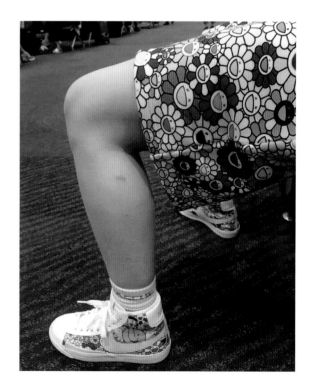

日本をぶらぶら。

私のグッズを着る兄。

アトランタのミュージック・ミッドタウン。クライマックスの瞬間。

私の作ったキャラ、ブローシュのネックレスゥゥゥを手に入れた日！

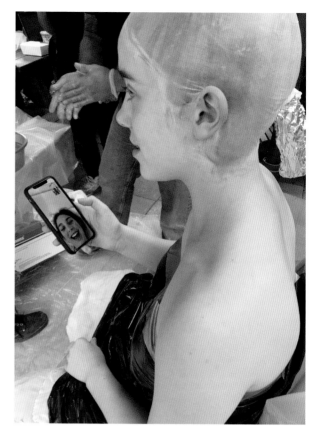

あらゆる意味でひどい、ひどい、ひどすぎる経験。
1時間ぶっとおしで息がまともにできなかったことある？　この頭の型はまさにそれ。

頭の型をはずしたら、すぐファブリックに飛びついた。

でも写真はクール。隆＆ガレージ、愛してる。

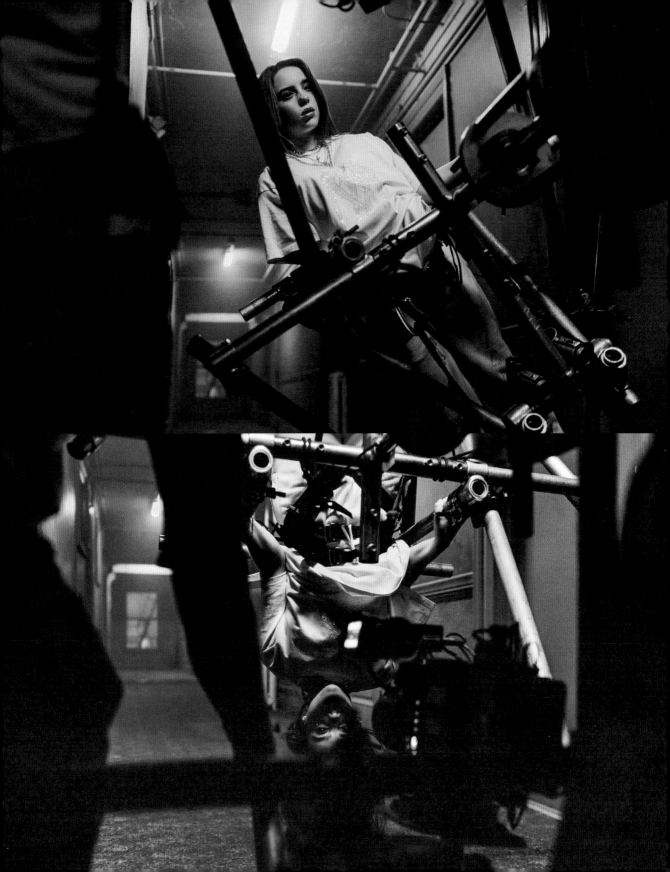

人生で、

17歳の誕生日の前日。写真撮影11時間、衣装12種類、アルバムカバーも撮って、
例の翼の写真は私がうっかりリークしちゃった。
（どの写真の話かわかるよね）

1日の終わりのギリギリまで、誰も誕生日のプレゼントをくれないし、ハッピー・バースデーも歌ってくれないし、イライラしはじめてたけど、そしたら音が聞こえて、緑のリボンがついた一生の夢の車が見えて、3時間ぶっ通しで泣きました。

このツアーのあいだは、たぶんいままでで最悪の精神状態だった。ツアー自体もほんとにたいへんで。
この時期の写真を見るたびに、どういう感じだったか思い出して、胸が苦しくなる。
陳腐な表現（笑）。だけど事実。
でもライブはすごかったし、ファンのみんなが毎晩かならず元気をくれた。

いちばん気に入ってないけどいちばん人気のMVの撮影。

エレンにふつうのカッコをさせられてすごく恥ずかしがってる私。

家族ぅぅぅぅぅぅぅ！

またケガして最悪。どこへ行くにも運んでもらわなきゃいけない。

それでもメディア対応はする。

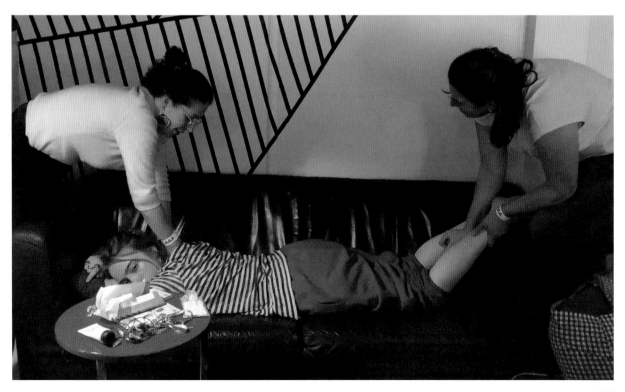

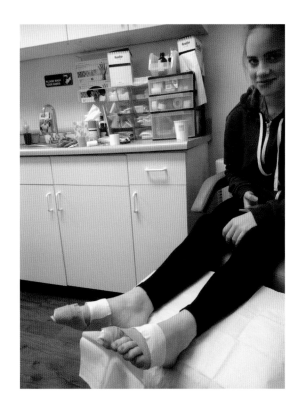

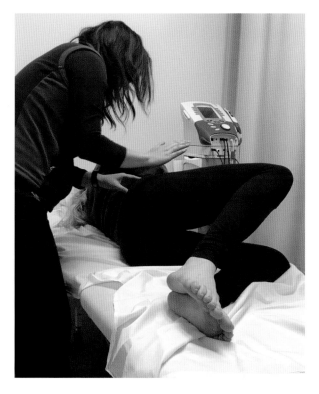

ハハ。

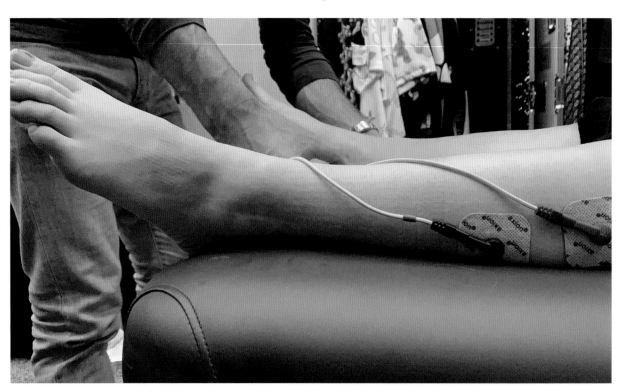

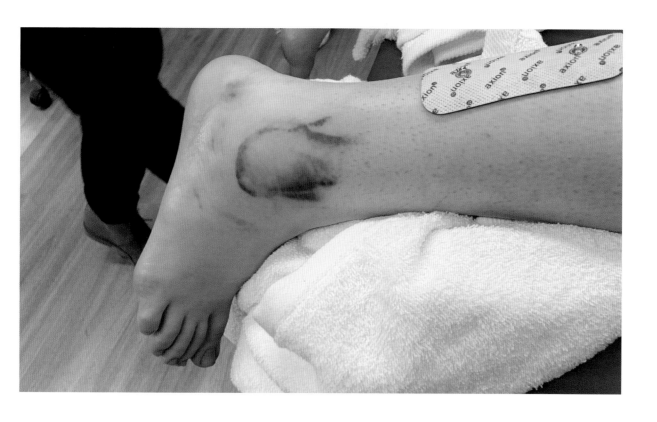

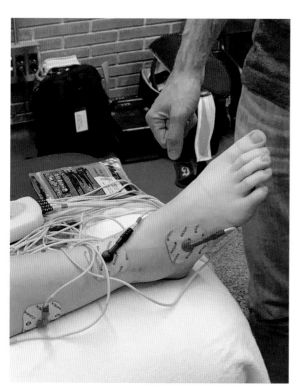

デビューアルバム発売!!!!

そこから数カ月は、あちこちに広告が出たし、エキサイティングなこともたくさんあった。

『WHEN WE ALL FALL ASLEEP,
WHERE DO WE GO?』の
最大のインスピレーション。

コーチェラ・フェスティバルのリハーサル！ アルバムの曲を初めて歌う機会でもあった。

コーチェラ！

リハーサルのあいだじゅうヴィンスとのからみがうまくいかなくて、
やっと本番で完璧にうまくいったとき、みんなすごくハッピーになった！
あとでネットで見るまで、彼のマイクがオフになってたなんて知らなかった……驚き。

もう言ったよね（笑）。首に巻きついてるの、なんだかわかる？

時差ボケで眠い兄妹。

会場の外のファン！

私の人生を変えたツアーの始まり。

デンゼル。世界一の親友のひとり。

小さいころから車が大好き。

ワシントン州レドモンドのライブ。
こんな日がまたありますようにって願うような日だったな。

いつも、できるだけたくさんの保護犬をライブに連れてきてもらう。
たくさんの仔犬が里親を見つけていく。それがすごく楽しい。

空っぽの会場では、たいていフリスビーをして遊ぶ。レッドロックス野外劇場で遊べたのはすごく光栄。

このツアーでオープニングアクトをやってくれたデンゼルは、全公演を通してひと筋の光だった。
私はケガのせいで、毎回ライブのあと10〜15分、両足を氷水に入れなきゃいけなくて、
誰かにいっしょにやってもらいたかった。
デンゼルはいつも、それくらい平気だぜってタフなふりをするんだけど、2分でやめてたよ。

よく見て、その1。

よく見て、その2。

ベイビィィィィィたち！

私の大好きなファミリー。

いつものニンジャごっこ。

またケガ（^^）。LAでの私史上最大のライブになる予定で、到着したとき、
いつもみたいに会場をまわる電動スクーターを取りに階段を駆け上がった。
頭の上にスクーターを持って階段をおりてたら、踏みはずして、とんでもないことに。
歩けないから片足は矯正ブーツをはいてライブをした。
それから1カ月ほどしてもう片方の足首もくじいた。私の足にとっては最悪の夏。

ドリューの18歳の誕生日。ブリトーを18個プレゼント。

ツアーの隊員になってくれた私のゾーイ。

私のビデオでビジュアル・エフェクト（VFX）はぜったい最小限にしたい。
それはつまり、撮影がかなりきびしくなるってこと。クレーンからぶら下がったり……死ぬかと思った。
そのあと背中に18キロくらいの翼をつけて、真っ黒のドロドロに浸かった。
翼を背負って歩くころには、ドロドロのベタベタがついて70キロくらいの重さに……ヤバ。

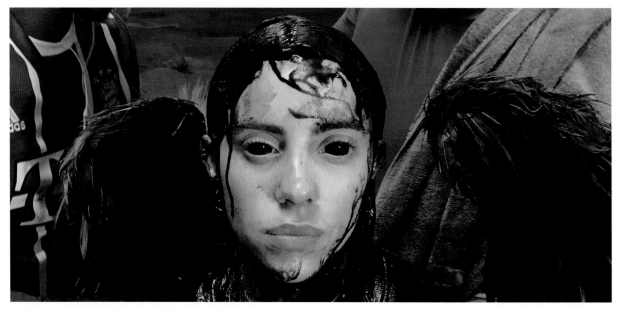

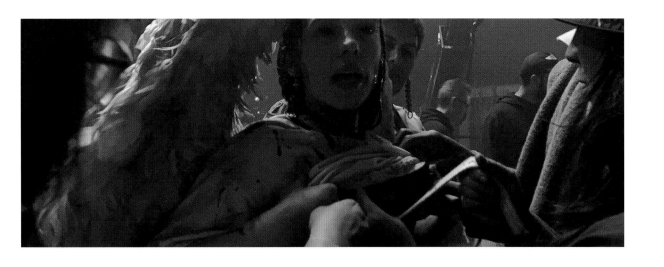

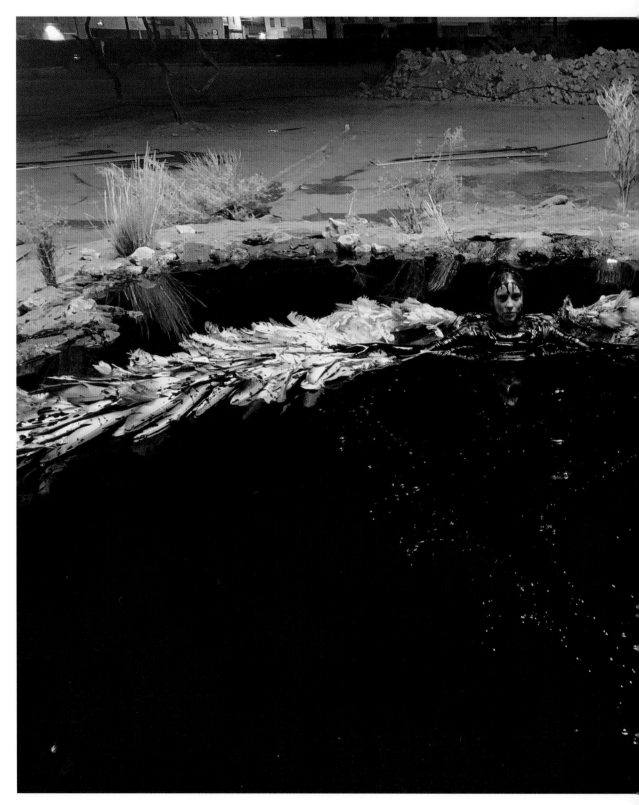

エへへ。

最初からパパは私のクルーに加わった。最高でしょ。
いつも家族がそばにいてくれて、私はとてもラッキー。

ビフォー。

アフター。

233

「クソ死にそう病（おなか痛すぎがちょっと長すぎ）」ってあったよね。あれ。

このツアーではきっと1万時間くらいトランプのスピードをやった。

私たちが乗るとき、航空会社はいつもこれを用意してくれる。

トレヴァー（私のギターテック）につけ爪をして、トランプで同じ条件に。

WE NEED YOU
WE WANNA SEE YOU
WE WANNA SEE YOU
WE NEED YOU
WE NEED YOU

253

私のすてきなローラ。

ローラは私の日常管理のマネージャーだけど、
すごく仲がいい友だちだから仕事って感じがしない。

260

ライブ前の会場の外の列は、いままで見たなかで最高にステキな景色。

宿泊先にトランポリンがあって、みんなこれまででいちばん楽しいって思った。

笑いすぎておしっこもらしちゃった私。

これ以上もらさないように地面でもだえる私。

敗北。

『サタデー・ナイト・ライブ』のシーズン・プレミア！　すごく特別な週。

271

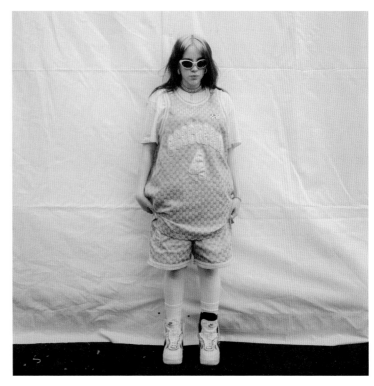

タトゥー、いつだってカッコいい。

OK、戻って。

子供用グッズの撮影！　どの子も愛してる。私にとってすごく大切な子供たち。

ハロウィーンのみんなの仮装。

ハロウィーンの私の仮装。

"everything i wanted"のMV撮影。
この曲は兄との関係を歌ったものだから、無理やり撮影に参加してもらった。
いつも彼は撮影にかかわりたがらないんだけど、このときは私のためにずっといっしょにいてくれた。

ここから自分ですべてのビデオの監督を務めるように。

ずっと監督になりたかった。いっしょに働きやすい人がまわりにいてくれて感謝してる。

天使みたいな顔のアデレード。私のマネージャー、ダニーの娘。

私の18歳の誕生日ぃぃぃぃ〜〜！

人生最高の夜のひとつ。このパーティこそ私が求めていたもの。

ロンドンに初めてジェームズ・ボンドを見に行って、ハンス・ジマーと仕事。

ドリューと休暇でハワイへ。いまでも夢みたい。

1日じゅう喉を休めるふりをして、しゃべる代わりにもちろんトランプをした。いつもどおり。

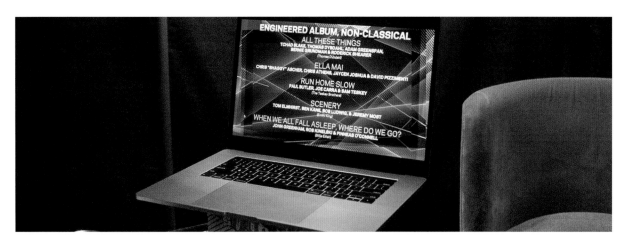

楽屋にいるあいだにその晩最初のグラミー賞受賞!!!!

あの日たくさんあったシュールな瞬間のひとつ。

授賞式が終わったあと、みんな泣いてた。私たち全員ね。

グラミー賞打ち上げパーティ。最高の夜。

アカデミー賞。

とてつもなく有名で刺激的な人たちみんなと同じ部屋にいるなんて、頭がおかしくなりそうだった。
あのパフォーマンスのときはいままででいちばん緊張して、最悪の出来だったんじゃないかな（爆笑）。
それでもとても光栄だった。

ワールドツアーのリハーサル。ツアーは結局中止。

3回のショーのあと、コロナのせいで家に帰らなきゃならなかった。

もうマッティと笑うっきゃない。

DO NOT
STOP
ON
TRACKS

まだまだぁぁぁぁ、

ツアーを延期して隔離生活に入ったのでぇぇぇぇ、

クサいおちびの里親になりました。名前はシャーク。

またすぐにね。

Photographer Credits:

Anthony Campusano—page 98
Ariel Nava—page 142
Brandon Goodman—page 164
Brian Marquis—page 154
Danny Rukasin—page 297
Jaesung Lee—page 79
Jason Kramer—page 89
Jess Gleeson—pages 164–65
Kimerlee Curyl—page 64
Koury Angelo—page 299–301
Melissa Kobe—page 298–99, 301
Quinn Wilson—page 130
Pierre Bourgault—page 129
Robin Harper—page 89
The family of Billie Eilish—cover, pages 8–63, 65–78, 80–87, 92–95, 98–119, 121–29, 132–41, 148–53, 156–59, 162, 164, 166, 169, 171–73, 212–24, 241, 256, 271, 275, 287–89, 302–8, 334, back cover
Yazi Ferrufino—page 118

© Darkroom/Interscope
Anna Lee—pages 144–45, 326–27
Ashley Osborn—page 208–11, 231
Cameron Postforoosh—pages 88, 90–91
Dan Regan—page 120
Kenneth Cappello—pages 96–97, 146–47, 160–61, 276–85
Leyna Ambron—pages 286–87
Klinko&Lee—page 174
Matty Vogel—pages 168, 175–207, 225–40, 242–55, 258–69, 272–74, 290–97, 310–33, endpapers
Paige Sara—pages 162–63
Tarina Doolittle—page 98